W0077265

DAS BASTELBUCH

Malen, schneiden, reißen, kleben!

INHALT

MALEN 11

SCHNEIDEN 33

REISSEN UND KNÜLLEN..........57

BAUEN, KNETEN, FORMEN..........73

ENE-MENE BU

4

VORWORT

Die Welt der Kinder ist nicht nur ein Platz zum Spielen, sondern auch ein Ort voller Geheimnisse, die aufgedeckt werden wollen. Die Sendung „ENE MENE BU" entführt seine kleinen Zuschauer Tag für Tag in die Welt eben dieser kleinen Entdecker. Durch ihre Augen erlebt man gemeinsam Abenteuer, ob in der Natur, der Tierwelt oder am Basteltisch.

Bei „ENE MENE BU" wird jedoch nicht nur zugeschaut. Unter dem Motto „ENE MENE BU – und dran bist du!" ruft die Sendung auch zum Mitmachen und Kreativwerden auf. In jeder Folge stellen Kinder ein Bastelprojekt vor, das zu Hause nachgemacht werden kann. Es werden dabei nur wenige Vorgaben gemacht, damit sich die Fantasie der kleinen Künstler frei entfalten kann.

Für dieses Buch wurden viele schöne Bastelideen zusammengestellt, die nicht nur zum Nachbasteln anregen, sondern auch dazu animieren, die vorgestellten Ideen auf ganz eigene Weise umzusetzen. In vier Kapiteln wird dabei mit allem, was sich in der Bastelkiste und im Haushalt finden lässt, gemalt, geknüllt, geschnitten und gebaut. Jeder Bastelschritt wird dabei von einem Bild begleitet, das genau zeigt, was zu tun ist. So können kleine Künstler jedes Projekt auch ganz ohne Hilfe umsetzen.

Viel Spaß beim Basteln wünschen ENE MENE BU und der frechverlag.

MATERIAL

Ohne Farbe wird es nicht bunt. Deshalb sollten ein paar Farbstifte, Farben und Pinsel auf keinen Fall in deiner Bastelkiste fehlen.

Schönes buntes Papier braucht man beim Basteln eigentlich so gut wie immer. Da es so viele verschiedene Sorten gibt, kannst du unendlich viele Dinge daraus machen. Geh sparsam damit um und entsorge nur die kleinsten Schnipsel und Reste. Größere Stücke kannst du für deine nächsten Projekte noch benutzen.

Mit einer Kinderbastelschere kannst du eigentlich fast alles zerschneiden. Lustig sind aber auch Motivscheren. Mit ihnen kannst du schöne Zierränder machen. Bei kleinen Details nimmst du am besten eine Nagelschere.

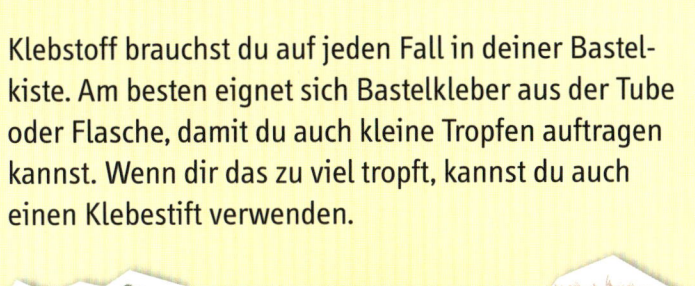

Klebstoff brauchst du auf jeden Fall in deiner Bastel-kiste. Am besten eignet sich Bastelkleber aus der Tube oder Flasche, damit du auch kleine Tropfen auftragen kannst. Wenn dir das zu viel tropft, kannst du auch einen Klebestift verwenden.

Es gibt so viele schöne Dinge, um deine gebastelten Kunstwerke aufzupeppen. Hier lohnt es sich, einfach alles zu sam-meln, was du in die Finger bekommst: alte Geschenkbänder, Miniwäscheklam-mern, Federn, Knöpfe usw.

Suchen und Sammeln lohnt sich! Wenn du dich nur ein bisschen zu Hause umschaust, hast du ganz schnell die Materialien für dein nächstes Projekt zusammen. Achte aber immer darauf, dass du keine Lebensmittel verschwendest und alle Dinge, mit denen du bastelst, sauber sind.

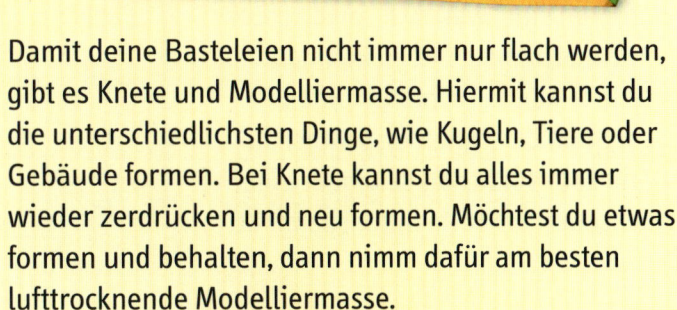

Damit deine Basteleien nicht immer nur flach werden, gibt es Knete und Modelliermasse. Hiermit kannst du die unterschiedlichsten Dinge, wie Kugeln, Tiere oder Gebäude formen. Bei Knete kannst du alles immer wieder zerdrücken und neu formen. Möchtest du etwas formen und behalten, dann nimm dafür am besten lufttrocknende Modelliermasse.

TIPPS UND TRICKS

BEVOR ES LOSGEHT...

Bevor du mit dem Basteln startest, deckst du deinen Arbeitsplatz am besten mit Zeitungen oder einer alten Wachstischdecke ab. Zieh dir außerdem ein altes Hemd über, denn Klebstoff und Farbe haben oft ihren eigenen Willen und landen da, wo sie nicht hingehören. Lege dir dann alles, was du zum Basteln brauchst, zurecht. So behältst du immer den Überblick.

BASTELN MIT ALLTAGSSACHEN

Im Kapitel „Bauen, Kneten, Formen" findest du viele Ideen zum Basteln mit Recyclingsachen. Recycling ist Englisch und bedeutet „wiederverwerten". Das heißt, dass du Dinge, die manche in den Müll werfen würden, noch einmal für etwas anderes benutzt, zum Beispiel zum Basteln. Schau dich zu Hause einmal genau um und du wirst staunen, was dort für Schätze auf dich warten. Beim Basteln mit Recyclingsachen solltest du immer darauf achten, dass alle Materialien sauber und trocken sind, weil sich sonst später irgendwo Schimmel bilden könnte. Plastikteile können scharfe Kanten haben. Beim Zerschneiden solltest du deshalb sehr vorsichtig sein oder einen Erwachsenen um Hilfe bitten, damit du dich nicht verletzt.

FORMEN ÜBERTRAGEN

Du möchtest einen ganz perfekten Kreis zeichnen? Kein Problem. Schnapp dir einfach einen Gegenstand mit einer runden Fläche, zum Beispiel einen Flaschenverschluss, und umfahre ihn mit Bleistift. Dieser Trick funktioniert auch mit anderen Formen.

KLEBEN OHNE KLEBERESTE

Um Klebstoffränder zu vermeiden, gibt es ein paar kleine Tricks. Wenn du flüssigen Klebstoff nimmst, solltest du immer nur kleine Tropfen auftragen, denn wenn du das Papier zusammendrückst, breitet sich der Klebstoff noch aus und kann über den Rand quillen. Wenn du Stellen verkleben willst, an die du mit der Tube schlecht herankommst, gib einen Tropfen Kleber auf ein Wattestäbchen und trage ihn damit auf. Eine gute Alternative zu flüssigem Klebstoff ist ein Klebestift. Auch hier solltest du immer nur auf dem Papier entlang streichen. Direkt am Rand quillt der Klebstoff nämlich oft auf die andere Papierseite.

PAPIERE

Es gibt viele verschiedene Papiere, mit denen man basteln kann. Zum Falten eignen sich am besten Papiere, die nicht dicker als normales Kopierpapier sind. Soll deine Bastelarbeit besonders stabil sein, ist Fotokarton das richtige Material, denn er ist sehr fest. Leider lässt er sich nicht so leicht zerschneiden. Deshalb gibt es noch das dünnere Tonpapier. Dieses wird am häufigsten zum Basteln verwendet. Wenn Licht durch dein Papier scheinen soll, nimmst du am besten Transparentpapier. Es lässt sich ganz leicht falten, zerreißen und verkleben und am Fenster erstrahlt es in den schönsten Farben.

HILFE VON ERWACHSENEN

Die meisten Basteleien in diesem Buch kannst du ganz alleine nachbasteln. Wenn du jedoch einmal gar nicht weiterkommst, bitte ruhig einen Erwachsenen um Hilfe. Manchmal ist es auch schön, wenn ein Erwachsener beim Basteln danebensitzt und zuschaut oder ihr zusammen bastelt. Dann könnt ihr untereinander Tipps und Ideen austauschen.

ENE-MENE
BU

10

MALEN

Die meisten Farben leuchten so schön, dass man am liebsten sofort die Finger in den Farbtopf stecken und alles betupfen und bemalen möchte. Mit bunten Farben verwandelst du jede weiße Fläche im Handumdrehen zu strahlenden Hinguckern. Hast du genügend Punkte, Striche oder Kleckse gesetzt, sieht alles plötzlich ganz anders aus! Der grüne Fingerabdruck ist ein Grashalm und die vielen bunten Farbkleckse witzige Monster. Wecke den kleinen Künstler in dir!

ENE MENE BU — und dran bist du!

BUNTE FLASCHEN-RASSEL

Ophelia, 4 Jahre

DAS BRAUCHST DU:

- Plastikflasche mit Schraubverschluss
- Acrylfarben in deinen Lieblingsfarben
- getrocknete Erbsen
- Trichter
- Pinsel
- alter Teller für die Farbe

1 Als Erstes schraube ich den Deckel von der Plastikflasche ab. Dann reinige ich die Flasche und lasse sie trocknen. Ich setze den Trichter auf die Öffnung und fülle die Flasche mit Erbsen.

2 Den Deckel schraube ich wieder fest zu.

3 Bevor ich meine Rassel bunt anmale, schüttle ich schon einmal Probe.

4 Jetzt geht's ans Verzieren! Dafür gieße ich je einen kleinen Klecks meiner Lieblingsfarben auf einen Teller ...

6 Die Farbe lasse ich gut trocknen, damit sie nicht verschmiert. Dann ist meine Rassel auch schon fertig.

5 ... und male die Flasche dann rundum damit an. Ich male auf meine Rassel eine bunte Wiese mit vielen Blumen und einem Baum. Einen blauen Himmel und eine strahlende Sonne male ich auch noch. Und wie sieht deine Flaschenrassel aus?

KARTOFFEL-STEMPEL-BILD

Ean, 3 Jahre

DAS BRAUCHST DU:

- 3–4 mittelgroße Kartoffeln
- Zeichenblatt, A3
- Wasserfarben
- Pinsel
- Becher mit Wasser
- Küchenmesser

2 Bei ein paar Kartoffelhälften schneide ich die Schnittflächen vorsichtig zu einfachen Formen wie Dreiecke, Rechtecke oder Quadrate. Die restlichen Kartoffelhälften lasse ich so wie sie sind. Dann rühre ich bunte Wasserfarben an. Mit der Wasserfarbe bestreiche ich die Schnittfläche der Kartoffel.

1 Zuerst halbiere ich die Kartoffeln mit einem kleinen Küchenmesser. Die Kartoffeln fasse ich dabei ganz am Rand an, damit ich mir nicht in den Finger schneide. Hier kannst du auch einen Erwachsenen um Hilfe bitten.

3 Ich greife die Kartoffel an der unbemalten Seite. Die bemalte Seite des Kartoffelstempels drücke ich nun mehrmals auf das Zeichenblatt. Sobald keine Farbe mehr auf dem Stempel ist, bestreiche ich ihn erneut mit Wasserfarbe.

4 Um ein schönes, buntes Bild zu bekommen, wechsle ich immer mal wieder den Stempel. Jeder Stempel bekommt eine andere Farbe.

5 Auf diese Weise stemple ich Stück für Stück viele bunte Formen und Muster auf mein Blatt. Dann lasse ich die Farbe trocknen. ENE MENE BU – und dran bist du!

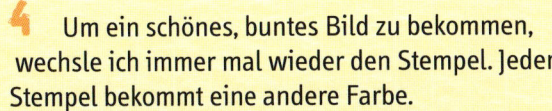

BUNTES T-SHIRT

Olivia, 6 Jahre

DAS BRAUCHST DU:

- T-Shirt aus Baumwolle
- flüssige Textilfarben in deinen Lieblingsfarben
- dicke Pappe, A4
- Pinsel
- Bügeleisen
- Bügelbrett

1 Bevor ich mit dem Malen beginne, schiebe ich die Pappe von unten in das T-Shirt. So habe ich beim Malen eine glatte Fläche und die Farbe dringt nicht bis zur Rückseite des Oberteils durch.

3 ... Zick-Zack-Streifen ...

2 Jetzt beginnt der Spaßteil! Mit Pinsel und vielen verschiedenen Farben bemale ich Schritt für Schritt mein T-Shirt. Ich male Punkte, ...

4 ... und Blumen auf. Dann müssen die Farben trocknen. Das kann eine Weile dauern. Wenn die Farbe ganz getrocknet ist, ziehe ich die Pappe wieder heraus.

5 Damit das T-Shirt auch waschbar ist, bügle ich es bei mittlerer Hitze auf der linken Seite. Auf der linken Seite vom T-Shirt sieht man die Nähte und das Schild am Hals. Hierbei lasse ich mir von einem Erwachsenen helfen.

6 Nach dem Bügeln drehe ich das T-Shirt wieder auf die rechte Seite. Die Modenschau kann beginnen!

STEINMALEREI

DAS BRAUCHST DU:

- Steine in beliebiger Größe
- Acrylfarben in deinen Lieblingsfarben
- Pinsel
- Becher mit Wasser
- alter Teller für die Farbe
- alte Zeitungen
- Küchenkrepp

2 Die Steine kann man mit dem Pinsel oder mit den Fingern bemalen. Ich entscheide mich für die Finger. Mit dem Zeigefinger tupfe ich ein hübsches Punktemuster auf. Um Blumenmuster zu machen, stemple ich immer drei Punkte in Dreieckform nebeneinander ...

1 Steine gibt es überall und in den unterschiedlichsten Größen. Ich habe mittelgroße Steine gesammelt, um sie richtig schön bemalen zu können. Vor dem Anmalen wasche ich die Steine gut ab. Dann bemale ich jeden Stein einmal komplett in meiner Lieblingsfarbe.

3 ... und setze dann noch einen Punkt in einer anderen Farbe in die Mitte. Damit nichts verschmiert, lasse ich zwischen den einzelnen Farben immer alles gut trocknen.

4 Eine ganze Sammmlung bemalter Steine sieht besonders schön aus. Deshalb habe ich gleich mehrere bemalt. Gemeinsam dekorieren sie nun unser Blumenbeet.

SO SEH' ICH AUS

Layla, 4 Jahre, und Maja, 5 Jahre

DAS BRAUCHST DU:

- großer Karton, z.B. von einer Waschmaschine
- Wachsmalstift in beliebiger Farbe
- Plakatfarben in deinen Lieblingsfarben
- Schere
- dicker und dünner Pinsel
- Pappteller oder Farbmischpalette

2 Jetzt schneiden wir die Figur aus. Dabei wechseln wir uns ab, denn der Karton ist ziemlich dick. Das Ausschneiden ist ein bisschen knifflig, aber mit einer stabilen Haushaltsschere lässt sich der Karton ganz gut schneiden.

1 Für unser Selbstporträt benötigen wir ganz viel Platz. Wir legen den Karton auf den Boden. Maja legt sich mit dem Rücken darauf. Dann male ich mit einem Wachsmalstift Majas Körperumriss nach.

3 Bevor wir mit dem Anmalen beginnen, geben wir von jeder Farbe einen Klecks auf den Pappteller.

4 Mit einem dicken Pinsel bemalen wir zunächst die großen Flächen. Die Farbe verdünnen wir dabei mit ganz wenig Wasser. Zuviel Wasser weicht die Pappe auf. Wir beginnen mit dem T-Shirt.

5 Dann sind die Hose und die Schuhe an der Reihe.

6 Das Muster auf dem T-Shirt malen wir mit einem dünnen Pinsel auf, ...

7 ... ebenso das Gesicht und die Haare. Nach ein paar Minuten sind die Farben getrocknet. Jetzt kann Majas Doppelgängerin aufgestellt werden.

Milena, 5 Jahre

OSTERHUHN AUS EIERKARTON

DAS BRAUCHST DU:

- Eierkarton
- Plakatfarbe in deiner Lieblingsfarbe
- Tonpapier in Rot und Orange
- Wackelaugen
- Federn
- Filzstift in beliebiger Farbe
- Pinsel
- Alleskleber
- Farbmischpalette
- spitze Schere

1 Zuerst schneide ich die Verschlusslaschen und den Deckel vom Eierkarton ab.

2 Ich zeichne den Körper meines Osterhuhns auf die Eierschachtel. Dann schneide ich ihn entlang der Linien aus. Der hohe Zapfen des Eierkartons ist der Kopf, die Mulde daneben ist der Körper.

3 Mein Huhn soll gelb werden, deshalb schütte ich gelbe Farbe in ein Schälchen der Farbmischpalette.

4 Jetzt male ich das ausgeschnittene Huhn an.

6 Dann klebe ich die Augen, den Kamm und den Schnabel auf das Huhn.

5 Als Nächstes schneide ich den Hühnerkamm und den Schnabel aus Tonpapier aus. Für den Schnabel schneide ich eine kleine Raute aus und falte sie einmal in der Mitte. Für den Kamm schneide ich eine dreizackige Krone aus.

7 Bei einem Huhn dürfen bunte Federn nicht fehlen. Ich schneide deshalb noch ein kleines Loch für die Schwanzfedern in das Huhn. Dann träufle ich ein paar Tropfen Kleber in das Loch und stecke die Federn hinein. So können sie nicht mehr herausrutschen.

8 Wenn du möchtest, kannst du nun noch ein Ei in das Huhn legen. Das ist ein tolles Ostergeschenk!

MILCHKARTON-LATERNE

Mascha, 5 Jahre

DAS BRAUCHST DU:

- Saft- oder Milchkarton
- Plakatfarben in deinen Lieblingsfarben
- Pinsel
- Transparentpapier in beliebiger Farbe
- spitze Schere
- Bastelkleber und Klebestift
- Stoffband
- kleine Pompons
- Glitzersternchen
- Kugelschreiber
- kleine Drahtzange
- Farbmischpalette

2 Dann zeichne ich mit dem Kugelschreiber ein Herz in die Mitte des Kartons. Hier kannst du natürlich auch eine andere Form aufzeichnen, zum Beispiel einen Stern. Oder du zeichnest mehrere Formen auf einmal auf.

1 Zuerst stelle ich den Milchkarton vor mich hin und schneide mit einer spitzen Schere den oberen Teil des Kartons ab.

3 Zum Schneiden nehme ich eine spitze Schere. Später, wenn die Laterne fertig ist und ich ein Teelicht hineinstelle, leuchtet das Herz dann richtig schön.

4 Jetzt male ich meine Laterne in meinen Lieblingsfarben an. Die Farbe muss nun trocknen.

5 Damit die Laterne noch bunter wird, klebe ich als Verzierung noch ein schönes Band dazu.

6 Auch kleine Pompons und Glitzersternchen dürfen nicht fehlen.

AUF DER NÄCHSTEN SEITE GEHT'S WEITER >>

7 Meine Laterne soll später schön leuchten. Deshalb klebe ich nun orangefarbenes Transparentpapier in die Laterneninnenseite über das ausgeschnittene Herz.

9 ... und knipse mit einer kleinen Zange etwas Blumendraht ab.

10 Den Draht ziehe ich auf beiden Seiten durch die Löcher und zwirble ihn schön fest. Jetzt ist meine Laterne fertig und kann ganz einfach von einem Ort zum anderen getragen werden. Wenn ich ein Teelicht hineinstelle, leuchtet sie noch ganz toll!

8 Dann schneide ich mit der spitzen Schere vorsichtig zwei Löcher für den Henkel oben in den Karton ...

KUNST AUF DEM BLUMENTOPF

DAS BRAUCHST DU:

- Blumentopf aus Ton
- Fingerfarben in deinen Lieblingsfarben
- Glitzer-Streuteile
- Alleskleber
- Föhn
- Pinsel
- Pappteller und Schälchen für die Farbe
- Wattestäbchen

Annika, 4 Jahre, und Sunnika, 5 Jahre

1 Zuerst füllen wir unsere Lieblingsfarbe in ein Schälchen ...

2 ... und bemalen dann mit einem Pinsel den ganzen Blumentopf.

3 Damit die Farbe schneller trocknet, föhnen wir sie trocken. So können wir schneller weitermalen!

6 Um den Blumentopf noch schöner zu machen, kleben wir noch ein paar Glitzer-Streuteile darauf. Den Kleber tupfen wir mit einem Wattestäbchen auf den Topf. So bleibt nichts an den Fingern kleben. Jetzt fehlt nur noch eine Pflanze für den Topf. Sieht er nicht toll aus?

4 Jetzt geben wir ganz viele unterschiedliche Farben auf einen Pappteller ...

5 ... und bemalen den Topf mit den Fingern oder einem Wattestäbchen, so wie es uns gefällt.

PUSTEMONSTER

Joschua, 3 Jahre

DAS BRAUCHST DU:

- festes Blatt Papier in Weiß, A3
- Wasserfarben
- Wackelaugen
- Strohhalm
- Becher mit Wasser
- Farbmischpalette

2 Wenn genügend Farbe im Schälchen ist, schütte ich sie auf das Papier.

1 Als Erstes rühre ich mit viel Wasser am Pinsel in der Wasserfarbe. Dann drücke ich den Pinsel in einem Schälchen auf der Mischpalette aus. Es entsteht eine kleine Pfütze.

3 Jetzt nehme ich den Strohhalm und puste damit auf die Pfütze. Durch das Pusten verteilt sich die Farbe in alle Richtungen. So entstehen witzige Formen. Das mache ich so lange, bis die Farbe auseinandergelaufen ist.

4 Dann rühre ich mir eine zweite Farbe in einem Schälchen an und wiederhole Schritt 2 und 3 für ein weiteres Monster.

5 Zum Schluss geht's ans Verzieren. Davor muss die Farbe aber trocknen. Für das Gesicht klebe ich Wackelaugen auf und schon starren mir lustige Monster entgegen. ENE MENE BU – und dran bist du!

SCHNEIDEN

Mit einer Schere in der Hand ist alles möglich: hüpfende Dreiecke, ein kunterbunter Zoo, eine Schatztruhe voller Juwelen und Konfettiregen. Von klaren Umrissen bis zu kreativen Mustern lässt sich alles ausschneiden und so zum Leben erwecken. Dabei lernst du, dich zu konzentrieren und passgenau zu arbeiten und du regst deine Vorstellungskraft an. Entführe uns in deine Schnipselwelt!

ENE MENE BU – und dran bist du!

PAPIER-HANDTASCHE

Leonie, 5 Jahre

DAS BRAUCHST DU:

- Papier in Weiß, A3
- Geschenk- oder Stoffbänder
- Krepppapierstreifen in deiner Lieblingsfarbe
- Pompons
- Glitzer-Streuteile
- buntes Klebeband
- Bastelkleber
- Schere

2 Ich klappe den oberen Streifen nach unten. Das gibt den Deckel meiner Tasche.

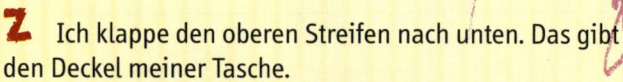

1 Ich lege das Papier hochkant vor mich hin. Dann lege ich meine Hand quer auf den oberen Rand des Papiers und falte den unteren Rand bis zu meinem Daumen nach oben.

3 Ich klappe alles wieder auf und streiche auf die Tascheninnenseiten an den Rändern etwas Klebstoff. Danach falte ich die Tasche erneut zusammen. Damit die Tasche nicht aufspringt, drücke ich einige Zeit auf die Kleberänder.

4 Jetzt beginne ich mit dem Verzieren. Die kurzen Taschenseiten beklebe ich mit Krepppapierstreifen. Dazu lege ich das Krepppapier genau auf den Rand, messe die Länge und schneide die Enden ab.

7 Die Unterseite der Tasche verziere ich mit einem schönen Klebeband.

5 Den Deckel verziere ich auf die gleiche Weise.

8 Mit verschiedenfarbigen Pompons und glitzernden Streuteilen gebe ich meiner neuen Handtasche den letzten Schliff. Die Verzierungen klebe ich ganz vorsichtig auf. Dazu tupfe ich den Klebstoff nur mit den Fingerspitzen auf. Fertig!

6 Für den Henkel suche ich mir ein schönes Pompon-Band aus. Dieses befestige ich unter dem Deckel mit etwas Klebstoff.

TEELICHT-FENSTERBILD

Vincent, 6 Jahre

DAS BRAUCHST DU:

- **Tonkarton in deiner Lieblingsfarbe, A4**
- **Transparentpapier in beliebiger Farbe**
- **Klebesternchen**
- **Buntstift**
- **Klebestift**
- **spitze Schere**

2 Nun male ich mit dem Buntstift ein Hochhaus auf den Tonkarton. Fenster und eine Haustüre dürfen hier natürlich nicht fehlen!

1 Ich lege den Tonkarton hochkant vor mich hin. Ich knicke einen Rand um, der ungefähr so breit wie meine Hand ist. Das ist später die Standfläche vom Fensterbild.

3 Jetzt schneide ich das Haus aus. Den unteren, umgeknickten Rand lasse ich stehen.

4 Mit einer spitzen Schere steche ich in die Türe und die Fenster und schneide sie vorsichtig aus.

7 Dann drücke ich das Transparentpapier gut fest.

5 Damit mein Fensterbild später schön leuchtet, schneide ich nun das Transparentpapier zu. Es sollte so groß sein, dass es genau auf die Hausrückseite passt. Die Fenster und die Haustür müssen bedeckt sein.

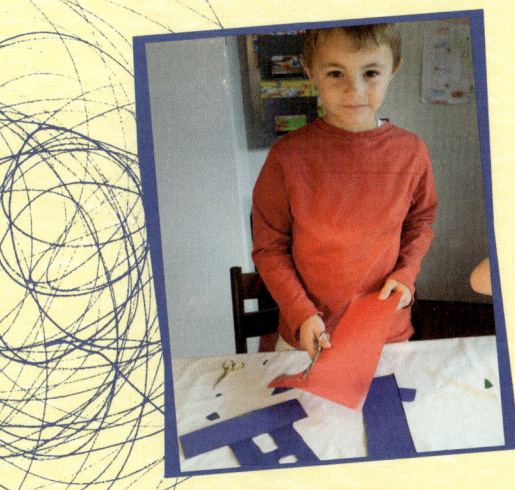

8 Jetzt verziere ich mein Häuschen noch ein bisschen. Ein Klebesternchen auf dem Dach sieht sehr schön aus.

9 Zum Schluss stelle ich das Häuschen auf. Ein Teelicht in einem Glas stelle ich auf den Knick. Das Fensterbild bleibt so gut stehen und wird von hinten schön beleuchtet.

6 Mit einem Klebestift bestreiche ich das Haus auf der Rückseite und klebe das Transparentpapier auf.

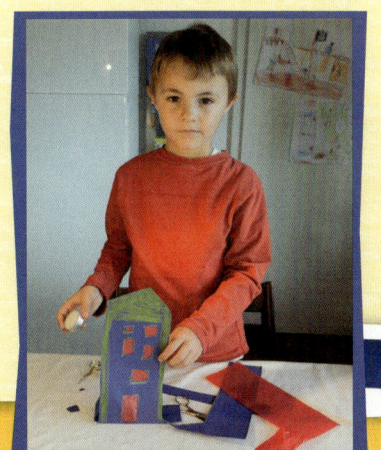

BUNTER LAMPENSCHIRM

Sophie, 6 Jahre

DAS BRAUCHST DU:

- Lampe mit einem Lampenschirm
- Krepppapier in deinen Lieblingsfarben
- buntes Papier, A4
- Dekobänder
- Pompons
- Glitzer-Streuteile
- buntes Klebeband
- Stoffrose
- Schere
- Alleskleber
- doppelseitiges Klebeband

2 Als Verzierung klebe ich bunte Pompons auf den Lampenschirm ...

1 Als Erstes lege ich ein großes Stück doppelseitiges Klebeband um den Lampenschirm. Die Papierschicht ziehe ich ab und drücke ein gleich langes Stück Dekoband fest darauf. Die Stelle, an der sich die Bänder treffen, sieht nicht so schön aus. Deshalb befestige ich dort noch eine Stoffrose. Die Bandenden lasse ich hängen.

3 ... und schneide dann auch noch ein kleines Herzchen aus buntem Papier aus. Das klebe ich auch auf die Lampe.

4 Glitzernde Blümchen dürfen natürlich nicht fehlen.

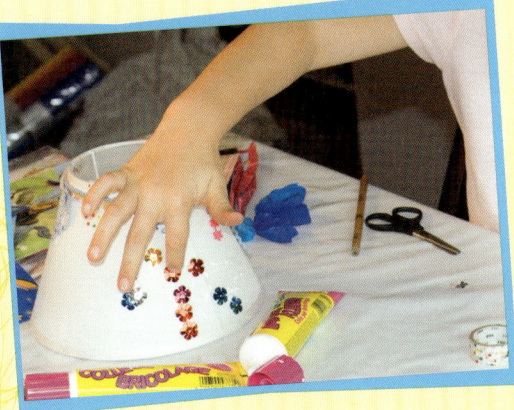

5 Damit meine Lampe noch bunter wird, schneide ich drei Streifen aus blauem Krepppapier zu. Die Streifen befestige ich mit buntem Klebeband am Lampenschirm ...

6 ... und flechte damit einen Zopf.

7 Dann lege ich den Zopf um den unteren Rand des Lampenschirms. Das Zopfende befestige ich mit einem weiteren Klebebandstreifen.

8 Zum Schluss klebe ich nochmal Krepppapierbänder an den unteren Teil der Lampe. Die Streifen sollen schön nach unten hängen. Jetzt kann die Lampe im Dunkeln leuchten!

GLITZERNDER PAPIERSTERN

Lilly, 5 Jahre

DAS BRAUCHST DU:

- Glanzpapier in deiner Lieblingsfarbe, A3
- Goldpapier, A4
- Glitzer-Streuteile in unterschiedlichen Farben und Formen
- Schere
- Bastelkleber

1 Als Erstes schneide ich das Glanzpapier so zurecht, dass alle Seiten gleich lang sind. Dann falte ich eine Ecke auf die andere und falte das gleiche nochmal. Das Dreieck wird dabei immer kleiner.

3 ... und schneide in alle drei Seiten ein schönes Muster mit Zacken und Bögen.

2 Das mache ich insgesamt drei Mal. Ich drücke die Ränder ganz fest zusammen ...

4 Jetzt falte ich das Papier ganz vorsichtig wieder auseinander. Durch das Schneiden ist ein ganz tolles Muster entstanden. Ich hole mir noch schöne, funkelnde Glitzersteinchen und verziere damit meinen Stern.

7 ... und setze ihn in die Mitte von meinem großen Stern.

8 Jetzt ist mein Stern fertig und kann schön im Fenster funkeln!

5 Um meinen Stern noch mehr zum Funkeln zu bringen, bastle ich noch einen kleinen Stern aus Goldpapier. Den bastle ich genauso wie den großen Stern. Auch hier muss ich beim Auseinanderfalten sehr vorsichtig sein.

6 Den goldenen Stern bestreiche ich mit Klebstoff ...

PAPIER-HALSKETTE

Sina, 3 Jahre

DAS BRAUCHST DU:

- Tonkarton in bunten Farben
- Kordel in Schwarz
- Holzperlen in verschiedenen Farben
- Bleistift
- Filzstifte in verschiedenen Farben
- Klebestreifen-Rolle
- Locher
- Schere

1 Zuerst überlege ich mir, welche Form meine Kette haben soll. Ich entscheide mich für Kreise. Mithilfe einer Klebestreifen-Rolle zeichne ich ganz viele Kreise auf bunte Tonkartonstücke. Du kannst aber auch andere Formen zeichnen, zum Beispiel Herzen oder Sterne, und dafür Ausstechförmchen benutzen.

2 Dann schneide ich die Kreise aus.

3 Damit ich die Kreise später auf meine Kette auffädeln kann, stanze ich mit einem Locher in jeden Kreis zwei Löcher ...

4 ... und male mit Filzstiften lustige Muster auf.

6 Auf diese Weise fädle ich alle Kreise und die Holzperlen auf. Schon ist meine Kette fertig! Die Kette binde ich mir mit einem Knoten ganz einfach um den Hals. ENE MENE BU – und dran bist du!

5 Jetzt verbinde ich die Kreise mit der Kordel. Zuerst fädle ich das Band von hinten nach vorne und dann von vorne nach hinten durch die Löcher. Nach jedem Kreis fädle ich auch noch eine farbige Holzperle auf.

PIRATEN-WINDSPIEL

DAS BRAUCHST DU:

- Tonpapier in Schwarz, A4
- Tonpapierreste in deinen Lieblingsfarben
- Garn in Weiß
- Bleistift
- Schere
- Nagelschere
- Locher
- Alleskleber

Ean, 3 Jahre

2 ... und schneide ihn aus.

1 Ein waschechter Pirat benötigt einen Piratenhut. Für mein Windspiel zeichne ich deshalb zuerst einen großen Hut auf das schwarze Tonpapier ...

3 Für das Gesicht zeichne ich eine Maske mit Augen auf das schwarze Tonpapier. Die Maske schneide ich mit der Bastelschere aus, die Augen mithilfe einer kleinen Nagelschere.

4 Ich möchte, dass mein Piraten-Windspiel schön im Wind baumelt und bunt und groß wird. Dafür schneide ich unterschiedliche Formen aus den Tonpapierresten aus.

5 Mit einem Locher stanze ich in jede Form ein Loch, um sie mit dem Garn verbinden zu können.

6 Ich schneide ein Stück Garn ab und fädle das Ende durch ein Loch. Dann gebe ich etwas Klebstoff auf das Fadenende und klebe es an dem restlichen Faden fest, sodass sich ein kleiner geschlossener Kreis bildet.

7 Auf diese Weise verbinde ich alle Teile miteinander. Jetzt brauche ich nur noch einen Ast oder Haken, an den ich meinen Pirat hängen kann. Schon kann er lustig im Wind tanzen.

TIERISCHE FINGERPUPPEN

Aisalkyn, 3 Jahre

DAS BRAUCHST DU:

- Tonpapier in Weiß, A4
- Wackelaugen
- Filzstifte oder Buntstifte in deinen Lieblingsfarben
- Schere
- Alleskleber

2 Dann bemale ich die Katze mit Filzstiften ...

1 Für meine erste Fingerpuppe zeichne ich eine Katze auf das weiße Tonpapier. Meine Katze hat einen schmalen, hohen Körper, einen runden Kopf und zwei spitze Ohren. Die Katze male ich so, dass sie später etwas größer als mein Finger ist.

3 ... und schneide sie mit der Schere aus.

4 Damit meine Katze etwas sieht, klebe ich noch zwei kleine Wackelaugen auf.

6 Ich gebe etwas Klebstoff auf die Rückseite der Katze und drücke die Enden des Papierstreifens darauf. Die Enden schiebe ich so nah zusammen, dass eine kleine Schlaufe entsteht. Mein Finger sollte hineinpassen.

5 Als Nächstes schneide ich einen schmalen Papierstreifen aus dem weißen Tonpapier und wickle ihn zu einem Ring. Den Ring brauche ich, um die Katze an meinen Finger zu stecken.

7 Auf die gleiche Weise bastle ich mir noch zwei weitere Figuren. Jetzt kann das Fingerpuppen-Theater beginnen!

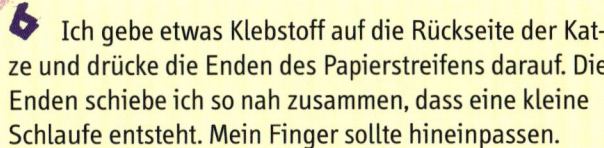

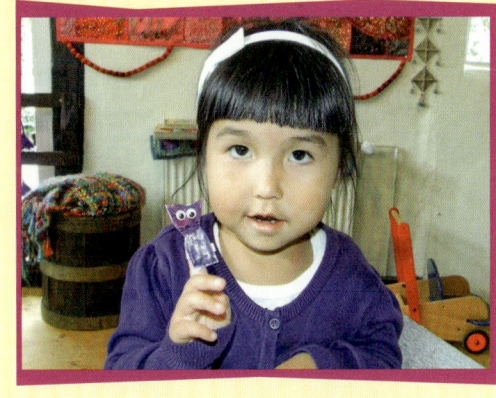

WEIHNACHTS-SCHMUCK

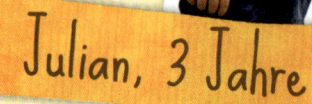

Julian, 3 Jahre

DAS BRAUCHST DU:

- Tonpapier in Rosa, A4
- Plakatfarben in Weiß und Rot
- 2 Wackelaugen
- Krepppapierrest in Rot
- Watte
- Wollgarn in Weiß
- Bleistift
- Filzstift in Schwarz
- Pinsel
- Schere
- Alleskleber
- Locher
- alter Teller oder Farbmischpalette

2 ... und schneide die Papierhand aus.

3 Den Daumen und den Handballen male ich mit roter, unverdünnter Plakatfarbe an. Die restlichen vier Finger bemale ich mit weißer Farbe. Dann lasse ich die Farben gut trocknen.

1 Bei dieser Bastelidee verwandelt sich meine Hand in einen lustigen Weihnachtsmann. Ich lege meine Hand auf das rosa Tonpapier, umfahre sie mit dem Bleistift ...

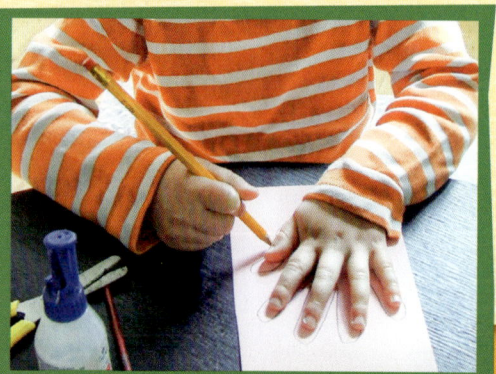

4 Für die Nase knülle ich ein kleines Stück rotes Krepppapier zusammen und klebe es in das Gesicht des Weihnachtmannes. Etwas darüber klebe ich die Wackelaugen auf.

5 Jetzt zupfe ich etwas Watte auseinander und klebe sie als Pelz an den Rand der roten Mütze.

6 Mit einem schwarzen Filzstift male ich noch einen lustigen Mund auf.

7 Zum Schluss stanze ich mit dem Locher ein Loch in die Zipfelmütze des Weihnachtsmannes und fädle den Wollfaden durch. Die Enden knote ich zusammen. Dann kann dekoriert werden!

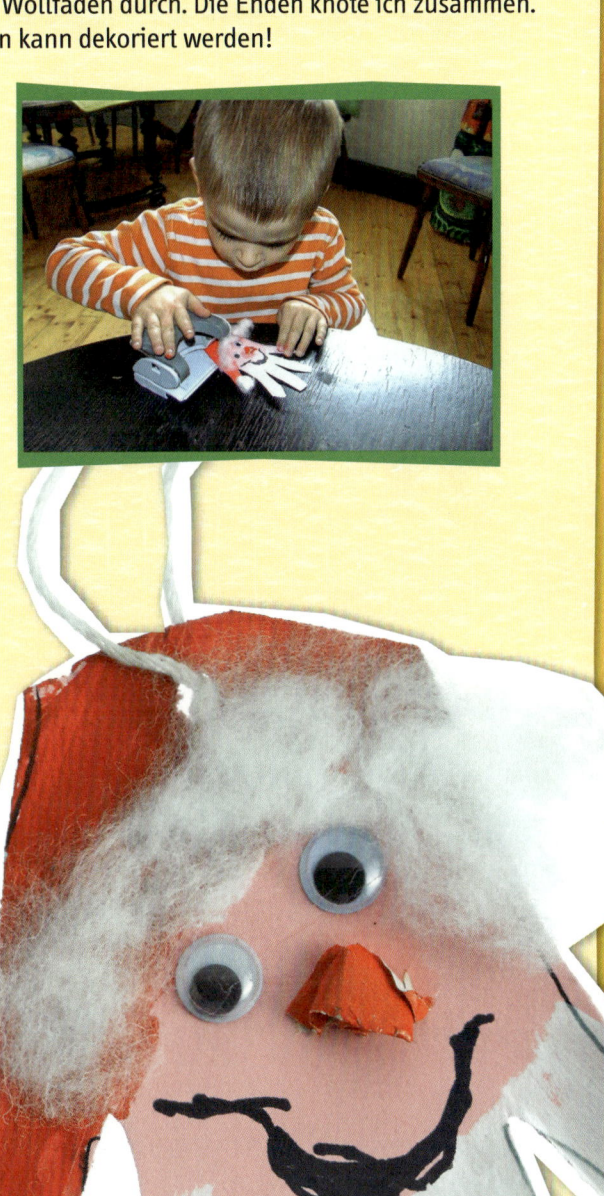

PAPIERGIRLANDE

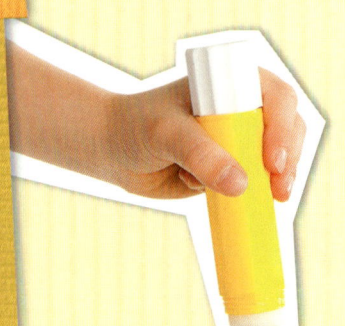

Greta, 4 Jahre

DAS BRAUCHST DU:

- mehrere Blätter Zeichenpapier, A3
- Wasserfarben
- Geschenkband, 2 Meter lang
- Pinsel
- Schere
- Klebestift

1 Für eine schöne, lange Papiergirlande benötige ich ganz viele bunt leuchtende Wimpel. Deshalb bemale ich zuerst mehrere Zeichenblätter mit einem schönen Muster in meinen Lieblingsfarben. Dann lasse ich die Blätter gut trocknen.

2 Aus den bunten Blättern schneide ich nun viele spitze Dreiecke aus ...

3 ... und knicke die kurzen Seiten von jedem Dreieck etwa einen Zentimeter um. Mit dem Fingernagel streiche ich noch einmal fest über die Faltlinie.

4 Jetzt klappe ich die geknickte Seite wieder auf, bestreiche den oberen Rand mit Kleber ...

6 Auf diese Weise klebe ich alle anderen Dreiecke am Geschenkband fest. Zwischen den einzelnen Wimpeln lasse ich jedoch immer ein wenig Abstand. Fertig!

5 ... und lege das Geschenkband an die gefaltete Linie. Dann presse ich die umgeknickte Kante darauf und befestige damit den Wimpel an der Kette.

INDIANER-KOSTÜM

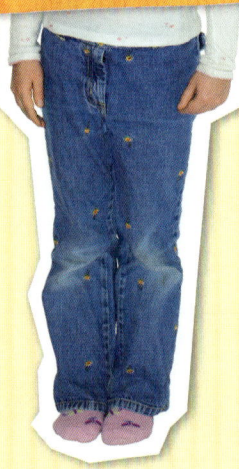

Feli, 6 Jahre

DAS BRAUCHST DU:

- Packpapier
- Krepppapier in deinen Lieblingsfarben
- buntes Tonpapier, A4
- Fingerfarben in deinen Lieblingsfarben
- Strohhalm
- doppelseitiges Klebeband
- Malerkrepp
- Tacker
- Schere
- Bastelkleber

2 Mit einem Tacker hefte ich die langen, offenen Seiten am Rand zusammen.

1 Für mein Indianerkostüm schneide ich vom Packpapier eine Bahn ab, die ungefähr so lang ist wie ich. Dann falte ich das Papier in der Mitte.

3 Dann schneide ich in die zusammengehefteten Seiten Zacken. Das gleiche mache ich auch mit dem unteren, offenen Rand. Jetzt hat mein Indianerkostüm schöne Fransen.

6 Mit Fingerfarben male ich nun noch ein paar Schlangen- und Zickzacklinien auf.

4 Für den Halsausschnitt klebe ich ein Dreieck aus Malerkrepp auf den oberen, geschlossenen Rand. Ich schneide es entlang der Markierung aus. Dabei achte ich darauf, dass der Halsausschnitt groß genug ist, um mit meinem Kopf durchzuschlüpfen.

7 Auch der Halsausschnitt bekommt noch etwas Farbe. Mein Indianerkostüm ist fertig!

AUF DER NÄCHSTEN SEITE GEHT'S WEITER >>

5 Jetzt verziere ich mein tolles Indianer-Kostüm. Krepppapierstreifen eignen sich dafür ganz prima! Ich schneide unterschiedlich lange Streifen ab und befestige sie jeweils mit einem kleinen Stück Malerkrepp auf dem Kostüm.

10 Nun bestreiche ich die Mitte einer Feder mit Klebstoff und drücke den Strohhalm ganz fest darauf. Dann lege ich das zweite Federteil darauf und drücke alles gut fest.

8 Eine waschechte Indianerin braucht natürlich auch noch einen Kopfschmuck. Dafür schneide ich einen Streifen Packpapier ab. Er sollte etwas mehr als doppelt so lang wie mein Kopfumfang sein. Dann falte ich ihn der Länge nach zusammen.

11 Auf das Stirnband klebe ich ein großes Stück doppelseitiges Klebeband und ziehe die Folie vorsichtig ab. Die Feder lege ich genau in die Mitte des Papiers.

9 Für die Feder lege ich das bunte Tonpapier der Länge nach vor mich hin und falte es in der Mitte zusammen. Auf diese Weise bastle ich zwei Federn auf einmal. Ich male ein großes, langes Oval auf und schneide es aus. Dann schneide ich an den Rändern ganz vorsichtig die Zacken ein.

12 Dann klappe ich das Stirnband von unten nach oben um und messe, ob es um meinen Kopf passt. Zum Schluss verschließe ich das Stirnband mit dem Malerkrepp. Mein Indianerkostüm ist komplett! ENE MENE BU – und dran bist du!

REISSEN UND KNÜLLEN

Papier zerreißen kann doch jeder? Richtig! Das Reißen und Knüllen gehört zu den einfachsten Basteltechniken, die es gibt. Es raschelt und knistert dabei nicht nur richtig schön, sondern man sieht auch schnell ein Ergebnis. Hier kannst du deiner Fantasie freien Lauf lassen, denn kein Schnipsel sieht wie der andere aus und so ist jedes Papiermosaik absolut einzigartig. Auf geht's zum fröhlichen Reißen und Knüllen!

ENE MENE BU — und dran bist du!

KNALLBUNTER KNÜLLFISCH

Ean, 3 Jahre

DAS BRAUCHST DU:

- Tonkarton in deiner Lieblingsfarbe, A4
- Krepppapier in deinen Lieblingsfarben
- 1 Wackelauge
- Bleistift
- Schere
- Klebestift

2 Den Fisch schneide ich entlang der gezeichneten Linie aus.

1 Mit einem Bleistift zeichne ich einen Fisch mit Schwanz- und Rückenflosse auf den Tonkarton.

3 Für die Fischschuppen schneide ich Krepppapier in vielen verschiedenen Farben in kleine Stücke ...

4 ... und knülle die Schnipsel zusammen. Danach rolle ich sie zwischen den Handflächen zu kleinen Kügelchen. Ich brauche davon ganz viele. So wird der Fisch schön bunt.

6 ... bis der Fisch am ganzen Körper mit Kügelchen beklebt ist. Mit der Hand presse ich die Kügelchen noch einmal gut fest.

5 Jetzt bestreiche ich den ganzen Fischkörper mit Kleber. Dann setze ich ein Papierkügelchen neben das andere, ...

7 Zum Schluss klebe ich ein Wackelauge ins Gesicht des Knüllfischs. Fertig!

BROSCHE MIT KNÜLL-MOSAIK

DAS BRAUCHST DU:

- Seidenpapier in verschiedenen Farben
- feste Pappe, A5
- Holzwäscheklammer
- Ausstechförmchen
- Bleistift
- Bastelkleber
- Schere

Jakob und Ben, 5 Jahre

1 Für unsere Broschen legen wir das Ausstechförmchen auf die Pappe und umfahren die Form mit einem Bleistift.

2 Dann schneiden wir die Form aus.

3 Jetzt reißen wir das Seidenpapier in kleine Stücke und knüllen diese zu kleinen Kügelchen.

5 Als Letztes bestreichen wir die Wäscheklammer mit Klebstoff und setzen die verzierte Brosche darauf. Dann muss nur noch alles gut trocknen – fertig!

4 Die Kügelchen kleben wir dicht aneinandergereiht auf die Pappform.

SCHNEEMANN-BILD

Lars, 4 Jahre

DAS BRAUCHST DU:

- Fotokarton in Dunkelblau, A3
- Papierreste in Schwarz, Weiß und Orange
- Tapetenkleister
- Pinsel
- Wasser
- kleine Schüssel zum Kleister anrühren

Z Für meinen Schneemann benötige ich viele Papierschnipsel. Ich reiße zunächst das weiße, das orangefarbene und das schwarze Papier in kleine Stücke.

1 Zuerst rühre ich etwas Tapetenkleister an. Dafür nehme ich ungefähr zwei Esslöffel vom Kleisterpulver und ein bisschen warmes Wasser und verrühre alles mit einem Pinsel. Dann lasse ich den Kleister etwas ziehen.

3 Jetzt male ich mit dem angerührten Tapetenkleister und dem Pinsel einen Schneemannumriss auf den Fotokarton. Dann setze ich die Schnipsel darauf und erwecke den Schneemann zum Leben. Damit die Schnipsel auch gut halten, fahre ich ab und an noch mit einem Pinsel voll Kleister über das Bild.

4 Den Hut und die Nase des Schneemanns darf ich nicht vergessen! Jetzt ist mein Bild fertig und der Winter kann kommen.

BUNTES OSTEREI

DAS BRAUCHST DU:

- Styropor®-Ei
- Seidenpapier in deinen Lieblingsfarben
- Bastelkleber
- Stecknadel
- Geschenk- oder Stoffband

Joris, 6 Jahre

1 Zuerst reiße ich aus dem Seidenpapier viele kleine Schnipsel.

2 Dann zerknülle ich die Schnipsel zu kleinen Kügelchen. Für mein Ei brauche ich eine ganze Menge Kügelchen.

3 Damit die Kügelchen am Ei halten, verteile ich gleichmäßig Klebstoff auf dem Styropor®-Ei ...

4 ... und setze die Papierkügelchen dicht aneinandergereiht darauf.

5 Wenn das Ei fertig ist, möchte ich es gerne aufhängen. Deshalb nehme ich zum Schluss noch ein Geschenkband, falte es und befestige es in der Bandmitte mit einer Stecknadel am Ei. Dann verknote ich die Bandenden und schon kann mein Ei an einem schönen Zweig baumeln. Du kannst anstelle des Eis auch eine Kugel verwenden. Dann kann sie das ganze Jahr über in deinem Zimmer hängen!

ERDBEER-SCHNIPSELBILD

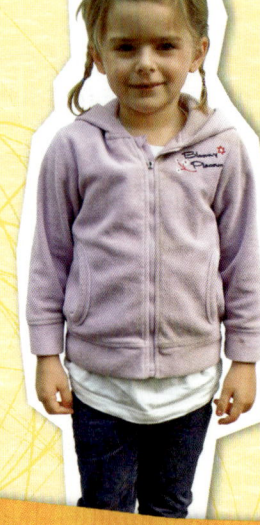

Maja, 5 Jahre

DAS BRAUCHST DU:

- fester Karton, A3
- Geschenkpapier in verschiedenen Farben und Mustern
- Zeitungspapier
- Pinsel
- Tapetenkleister
- altes Schälchen für den Kleister

2 Jetzt rühre ich den Kleister an und lasse ihn ein wenig ziehen. Dann bestreiche ich die untere Hälfte des Kartons mit Kleister und lege die Zeitungsschnipsel darauf. Einige Fetzen klebe ich über die anderen, damit sie sich ein wenig überlappen.

1 Für mein Schnipselbild reiße ich als Erstes einen Bogen Zeitungspapier in viele kleine Fetzen. Dann ist das Geschenkpapier an der Reihe. Die Schnipsel lege ich farblich sortiert auf kleine Häufchen vor mich hin. Grüne Papiere reiße ich in Streifen.

3 Wenn die untere Hälfte fertig ist, kleistere ich auch die obere Kartonhälfte ein und klebe die gelben Papierstücke an den Rändern fest.

4 In die Mitte klebe ich nun eine Erdbeere. Dafür bestreiche ich den Karton noch einmal gründlich mit Kleister und klebe rote und orangefarbene Papierfetzen ovalförmig auf.

5 Am oberen Rand der Erdbeere klebe ich die grünen Papierstreifen als Blätter auf. Dann muss die Collage gut trocknen. Das kann einen ganzen Tag lang dauern.

LEUCHTENDES FENSTERBILD

Layla, 4 Jahre

DAS BRAUCHST DU:

- Tonpapier in Schwarz, A3
- Transparentpapier in deinen Lieblingsfarben, A5
- Klebestift
- Bleistift
- Schere
- 2 unterschiedlich große Schüsseln

2 Ich schneide den Kreis aus und stelle anschließend die kleine Schüssel in die Kreis-mitte. Mit dem Bleistift umfahre ich den Schüs-selrand ...

1 Damit mein Fensterbild schön rund wird, lege ich die große Schüssel mit der Öffnung nach unten in die Mitte des Tonpapiers und umfahre sie mit dem Bleistift.

3 ... und schneide den inneren Kreis aus. Jetzt ist der Rahmen für mein Fensterbild fertig.

4 Für ein richtig schönes, buntes Fensterbild reiße ich das Transparentpapier in viele kleine Stücke.

6 ... bis auch die Innenfläche des Ringes ganz bedeckt ist. Vor dem Aufhängen lasse ich das Fensterbild gut trocknen. Wenn dann die Sonne hindurchscheint, leuchten die Farben besonders schön.

5 Ich bestreiche den Rand des schwarzen Rahmens mit Klebestift und drücke einen Schnipsel neben den anderen. Wenn der Rahmen bedeckt ist, bestreiche ich die bereits angeklebten Schnipsel mit dem Kleber und klebe weitere Papierstücke an, ...

GRUSELIGES WINDLICHT

Bennet, 5 Jahre

DAS BRAUCHST DU:

- leeres Marmeladenglas
- Transparentpapier in deiner Lieblingsfarbe
- Permanentmarker in Schwarz
- Pinsel
- Kleister
- Schälchen für den Kleister
- Teelicht

2 Jetzt rühre ich den Kleister an und lasse ihn ein wenig durchziehen. Dann bestreiche ich das Marmeladenglas Stück für Stück mit Kleister. Ich klebe die Schnipsel auf das Glas, bis keine freie Stelle mehr zu sehen ist. Zum Trocknen stelle ich das Windlicht in die Sonne. Dort kann das Papier gut trocknen. Wenn du im Winter ein Windlicht bastelst, zum Beispiel mit einem Schneemann oder mit einem Sternchen darauf, kannst du das Glas auch auf die warme Heizung stellen.

1 Als Erstes reiße ich das Transparentpapier in kleine Fetzen. Ich habe mich für orangefarbenes Papier entschieden, da ich ein Windlicht für Halloween basteln möchte.

5 Zum Schluss stelle ich ein Teelicht auf den Boden des Glases. Im Dunkeln leuchtet das Kerzenlicht richtig schön durch das Transparentpapier und erschreckt ganz sicher jeden, der vorbeigeht.

3 Mit einem schwarzen Stift male ich das Windlicht noch an. Da mein Glas gruselig leuchten soll, verziere ich es mit haarigen Spinnen und einem Spinnennetz. Für die Spinnen zeichne ich einen dicken Kreis und acht dünne Beine.

4 Für das Spinnen-netz male ich lange, strahlenförmige Linien, die ich durch weitere Striche dazwischen verbinde.

BAUEN, KNETEN, FORMEN

Was wird aus einem Eierkarton und vier Flaschendeckeln? Ein Bus?
Ein Kinderwagen? Oder doch eher ein Krokodil? Eigentlich egal.
Hauptsache, es gefällt. Auf den nächsten Seiten findest du viele Bastelideen, die du mit den einfachsten Dingen aus dem Haushalt umsetzen
kannst. Erkunde deine Umgebung mit anderen Augen und lass deine
Fantasie Purzelbäume schlagen. So entstehen überraschende und
spannende Kreationen.

ENE MENE BU – und dran bist du!

MATSCHE-SUMPFBEET

Pheleas und Nick, 6 Jahre

DAS BRAUCHST DU:

- wasserdichter Eimer
- Wasserpflanzen
- Plastikfolie
- Sand
- Teicherde
- Pflanzkörbchen für Wasserpflanzen
- Steine, Muscheln und Glassteinchen
- Gießkanne

2 Dann schütten wir etwas Sand in den Eimer und verteilen ihn gleichmäßig auf dem Boden.

1 Für unser Sumpfbeet legen wir zuerst eine Plastikfolie in den Eimer.

3 Als Nächstes schütten wir ungefähr vier Hände voll Teicherde auf den Sand.

4 Jetzt topfen wir die Wasserpflanzen in die dafür vorgesehenen Pflanzenkörbchen um. So staut sich später nicht das Wasser in den Töpfen.

7 Um dem Sumpfbeet den letzten Schliff zu geben, schmücken wir es noch mit Steinen, Glassteinchen und Muscheln.

5 Die Pflanzenkörbchen können nun in das Sumpfbeet gesetzt werden.

8 Zum Schluss geben wir mit der Gießkanne etwas Wasser in das Beet – fertig!

6 Damit von den Körbchen und der Plastikfolie nichts mehr zu sehen ist, streuen wir noch etwas Teicherde darüber. Die Erde verteilen wir gleichmäßig mit den Händen.

RINDEN-SEGELBOOT

Bennet, 5 Jahre

DAS BRAUCHST DU:

- Baumrinde
- 2 dünne Äste
- Moosgummi in Weiß, A4
- Moosgummirest in Bunt-gestreift
- Filzstifte in deinen Lieblingsfarben
- Schere
- Alleskleber
- Handbohrer

1 Beim Spielen draußen findet man oft ganz wunderbare Dinge zum Basteln! Für mein Boot habe ich eine Baumrinde und zwei dünne Äste gefunden. Die Äste eignen sich prima als Masten für mein Segelboot. Von den Ästen entferne ich die Blätter und schneide sie auf die passende Länge.

2 Mit einem Handbohrer bohre ich zwei Löcher in die Rinde, ...

3 ... tropfe etwas Kleber in die Öffnungen und stecke die Äste hinein. Beim Bohren kannst du auch einen Erwachsenen um Hilfe bitten.

4 Während der Kleber trocknet, schneide ich aus weißem Moosgummi ein großes und ein kleines viereckiges Segel.

5 Um mein Segelboot noch etwas bunter zu machen, bemale ich die Segel mit Streifen und anderen Mustern.

6 Jetzt steche ich mit dem Handbohrer in jedes Segel unten und oben ein kleines Loch und schiebe sie auf die Masten.

7 Zum Schluss schneide ich noch zwei kleine Dreiecke aus buntem Moosgummi aus und klebe sie an die Mastspitzen. Dann ist mein Boot fertig und kann lossegeln. Schiff ahoi!

EIERKARTON-SCHULBUS

Philipp, 6 Jahre

DAS BRAUCHST DU:

- 2 große Eierkartons
- Tonkarton in Weiß, A4
- Tonkartonrest in Schwarz
- Acrylfarbe in deiner Lieblingsfarbe
- Bleistift
- Filzstifte in deinen Lieblingsfarben
- Pinsel
- Schere
- Bastelkleber und Klebestift
- Plastikbecher
- Flaschendeckel
- Schälchen für die Farbe

2 Den Bus male ich rundum mit roter Farbe an und lasse ihn anschließend gut trocknen.

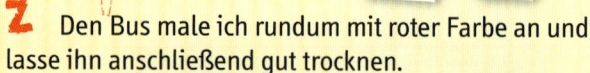

1 Für meinen Doppeldeckerbus nehme ich zwei große Eierkartons und klebe sie aufeinander.

3 In der Zwischenzeit bastle ich die Räder für den Bus. Dafür zeichne ich mithilfe eines Plastikbechers vier Kreise auf den schwarzen Tonkarton und schneide sie aus.

4 Für die Felgen schneide ich vier kleine Kreise aus weißem Tonkarton aus. Als Schablone benutze ich einen Flaschendeckel. Die Felgen klebe ich auf die Räder ...

5 ... und die Räder seitlich am Bus fest.

6 Als Nächstes bekommt mein Bus viele Fenster. Diese schneide ich aus weißem Tonkarton zu und klebe sie rund um das Fahrzeug.

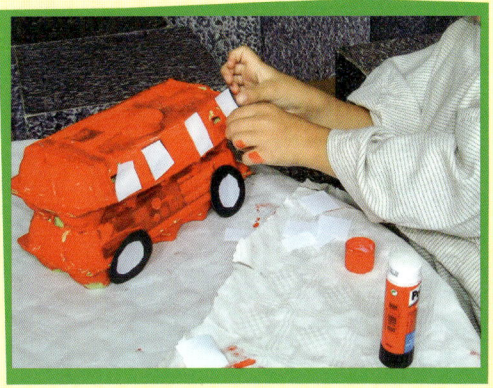

7 Zum Schluss male ich mit Filzstiften noch Fahrgäste in die Fenster. Auch der Busfahrer darf nicht fehlen. Er sitzt hinter einem Lenkrad.

MONSTER-TREFFEN

Ophelia, 5 Jahre

DAS BRAUCHST DU:

- Papprollen und Konservendosen
- Bastel- und Geschenkpapier in verschiedenen Farben und Mustern
- Papierreste in verschiedenen Farben
- Wackelaugen in verschiedenen Größen
- Knöpfe
- bunte Federn
- Pfeifenputzer
- buntes Lametta
- Filzstift in Schwarz
- Alleskleber und Klebestift
- Schere

2 Mit dem Klebestift streiche ich etwas Kleber auf die Nahtstelle und klebe so die bunte Papierhülle fest um den Monsterkörper.

3 Jetzt kommt das Gesicht an die Reihe. Zuerst klebe ich die Wackelaugen auf. Manche Monster bekommen ein Auge, manche sogar drei Augen. Bei einem Monster klebe ich Knöpfe als Augen auf.

1 Als Erstes umwickle ich die Papprollen und Konservendosen mit buntem Bastelpapier. Die überstehenden Ränder schneide ich oben und unten ab.

4 Mit einem schwarzen Filzstift zeichne ich nun einen Mund. Einem Monster klebe ich noch spitze, weiße Zähne aus Papier ans Maul.

5 Wenn das Gesicht fertig ist, verziere ich die Monster noch mit anderen lustigen Sachen, die ich in meiner Bastelkiste finde. Als Schnurrbart klebe ich eine Feder auf. Für die Haare nehme ich Lametta, Papierstreifen und Chenilledraht. Und für große Monsterfüße schneide ich buntes Papier zurecht. Es gibt sooo viele Möglichkeiten!

LECKERES FÜR DEN KAUFMANNSLADEN

DAS BRAUCHST DU:

- lufttrocknende Modelliermasse
- Acrylfarben in deinen Lieblingsfarben
- Filzstift in Schwarz
- dünne Strohhalme
- Eisstäbchen
- Muffin- und Pralinenförmchen aus Papier
- kleine Teigrolle
- dünner Pinsel
- alter Teller für die Farben
- Keramikteller

Layla, 4 Jahre

2 Für den Zuckerguss walze ich mithilfe der Teigrolle eine platte Fläche und drücke sie auf den Muffin. Als Kirsche setze ich ein kleines Kügelchen darauf.

1 Mit Modelliermasse lassen sich viele tolle Leckereien für den Kaufmannsladen formen. Ich beginne mit einem Muffin und rolle zwischen meinen Händen ein kleines Stück Modelliermasse zu einer Kugel. Dann drücke ich die Kugel oben und unten etwas flach.

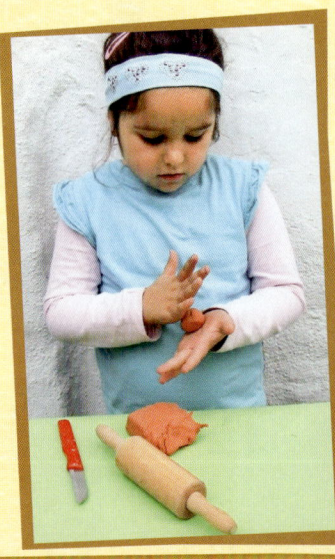

3 Jetzt forme ich eine Brezel. Dazu rolle ich ein kleines Stück Modelliermasse zu einer langen, dünnen Wurst. Die Enden schlinge ich so umeinander, dass eine Brezel entsteht.

4 Als Nächstes modelliere ich einen Lutscher. Ich rolle wie bei der Brezel eine lange dünne Wurst und wickle sie zu einer Schnecke auf. Als Stiel schiebe ich einen etwa 5 cm langen Strohhalm in die Schnecke hinein.

5 Nun forme ich noch ein Eis am Stiel. Das Eis hat die Form einer dicken Zunge. Als Verzierung walze ich ein kleines Stück Modelliermasse platt und drücke es als Schokoguss auf das Eis.

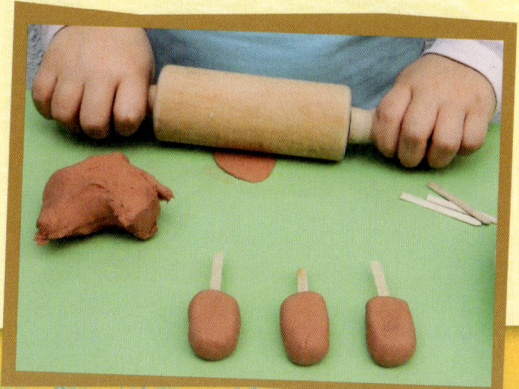

6 Als letzte Leckerei modelliere ich noch eine Torte. Dafür forme ich drei unterschiedlich große, runde Tortenböden. Die Böden staple ich aufeinander und setze eine kleine Kirsche darauf. Dann lege ich alle Teile für einige Zeit zum Trocknen auf den Keramikteller.

7 Sobald alle Süßigkeiten trocken und hart geworden sind, male ich sie bunt an. Dann muss ich mich etwas gedulden und alle Teile über Nacht trocknen lassen.

8 Zum Schluss male ich mit dem Filzstift noch kleine Details wie Schoko- und Zuckerstreusel auf und setze die Leckereien in die Pralinen- und Muffinförmchen.

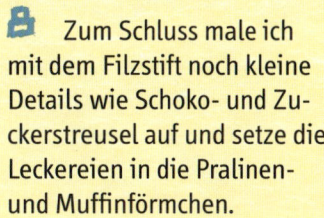

SCHUHKARTON-PARKHAUS

Jannis, 5 Jahre

DAS BRAUCHST DU:

- Schuhkarton mit Klappdeckel
- feste Pappe, A4
- Papier in Weiß, A4
- Acrylfarbe in Grau, Blau und Türkis
- Filzstifte in deinen Lieblingsfarben
- Schere
- Pinsel
- Klebestift
- Klebestreifen
- Schälchen für die Farbe

1 Als Erstes klappe ich den Deckel vom Schuhkarton auf. Dann biege ich die Ränder des Deckels an den Knicken um, sodass der Deckel als Parkdeck waagerecht stehen bleibt. Die Laschen klebe ich an den Seiten fest.

2 Damit meine Autos später in das Parkhaus hinein-fahren können, schneide ich mit einer stabilen Schere zwei Garagentore in die Vorderseite.

3 Dann male ich den Innenraum der Garage und das Parkdeck mit grauer Farbe an.

4 Jetzt schneide ich aus der Pappe eine Auffahrrampe zurecht und befestige sie mit Klebestreifen seitlich am Parkdeck. Die Rampe male ich ebenfalls mit grauer Farbe an.

7 Zum Schluss kennzeichne ich die Parkplätze, wie in einem echten Parkhaus, mit Nummern. Dafür benutze ich einen schwarzen Filzstift.

5 Während die Farbe trocknet, schneide ich aus dem weißen Papier schmale Streifen. Diese klebe ich als Markierung auf den Garagenboden. Das Parkdeck oben und die Rampe bekommen auch Streifen.

8 Schon können die ersten Autos parken!

6 Nun bekommt die Außenfassade noch einen Anstrich. Ich male die Parkhauswände mit blauer und türkisfarbener Acrylfarbe an. Wenn die Farbe trocken ist, verziere ich die Außenwände mit den Filzstiften.

LUSTIGE INSTRUMENTE

Levi und Nick, 6 Jahre

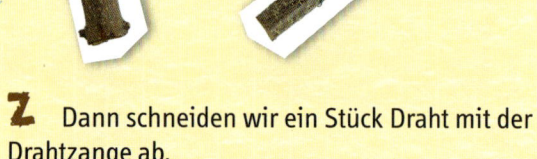

DAS BRAUCHST DU:

- Kronkorken, Flaschendeckel, Kaffeekapseln und Knöpfe
- Ast oder Astgabel, ca. 15 cm lang
- Draht
- Schuhkarton oder Kartonbox
- Gummibänder
- Nagel
- Hammer
- kleine Säge
- kleine Drahtzange
- Arbeitsunterlage aus Holz

1 Für die Rassel schlagen wir mit dem Hammer und dem Nagel vorsichtig ein kleines Loch in die Kronkorken, Kapseln und Deckel. Sei dabei ganz vorsichtig oder bitte eventuell auch einen Erwachsenen um Hilfe.

2 Dann schneiden wir ein Stück Draht mit der Drahtzange ab.

3 Den Draht wickeln wir an ein Ende vom Ast und fädeln die Deckel wie eine Perlenkette darauf. Das andere Drahtende befestigen wir am gegenüberliegenden Holzende. Unsere Rassel ist damit schon fertig!

5 Jetzt legen wir die Gummibänder vorsichtig um den Karton und spannen sie über die eingesägten Schlitze. Wenn du nun an den Gummibändern zupfst, hörst du deine ersten Gitarrenklänge.

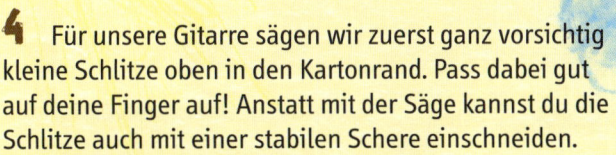

4 Für unsere Gitarre sägen wir zuerst ganz vorsichtig kleine Schlitze oben in den Kartonrand. Pass dabei gut auf deine Finger auf! Anstatt mit der Säge kannst du die Schlitze auch mit einer stabilen Schere einschneiden.

UNTERWASSERWELT-MURMELBAHN

Nick, 6 Jahre

1 Als Erstes male ich das Brett an. Meine Murmelbahn soll durch eine Unterwasserwelt führen. Deshalb male ich zwei Delphine, ein paar Wasserpflanzen und natürlich das Meer.

DAS BRAUCHST DU:

- großes Brett
- Acrylfarben in deinen Lieblingsfarben
- Papprollen in verschiedenen Größen
- Milch- oder Saftkarton
- Murmeln
- Glassteinchen und Muscheln
- Farbmischpalette
- kleine Malerrolle
- Pinsel
- spitze Schere
- Bastelkleber

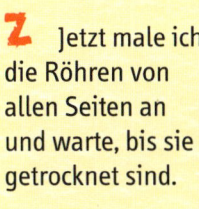

4 Als Auffangbecken für die Murmeln nehme ich einen Milchkarton und schneide die obere Hälfte ab.

2 Jetzt male ich die Röhren von allen Seiten an und warte, bis sie getrocknet sind.

5 Ich male den Milchkarton an und warte, bis die Farbe getrocknet ist.

3 Ich lege die Röhren auf das Murmelbrett und schaue, wie die Bahn am besten verlaufen könnte und die Murmeln gut rollen.

AUF DER NÄCHSTEN SEITE GEHT'S WEITER >>

6 Währenddessen schneide ich mit der Schere bei zwei Röhren am Rohrende ein Loch, damit ich meine Murmelbahn ineinanderstecken kann. Dafür stelle ich eine andere Röhre etwa 2 cm vom oberen Rand entfernt auf das Röhrenende, umfahre sie und schneide den entstandenen Kreis aus. Dann schiebe ich die Röhren zusammen.

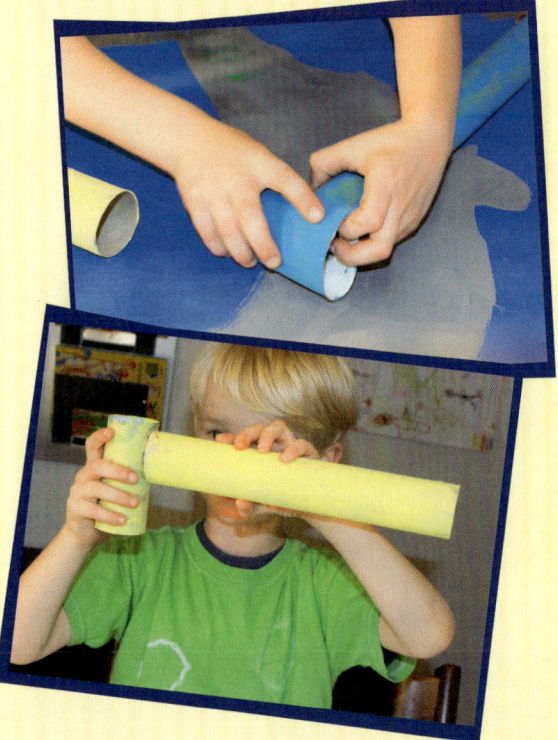

8 Auch den angemalten Milchkarton streiche ich an einer der beiden breiten Seiten mit Klebstoff ein und klebe ihn unter die letzte Röhre an das Ende der Murmelbahn.

9 Dann verziere ich die Murmelbahn noch mit Muscheln und Glassteinchen.

7 Ich bestreiche die zusammengesteckten Röhren auf einer der langen Seiten mit Klebstoff und klebe sie auf das Brett.

10 Jetzt kann's losgehn! Wie schnell schafft es deine Murmel ans Ziel?

BRODELNDER KNETVULKAN

Ben, 5 Jahre

DAS BRAUCHST DU:

- Kinderknete in deiner Lieblingsfarbe
- Spülmittel
- 1 Päckchen Backpulver
- Wasser
- Pipette

2 Jetzt forme ich Stück für Stück einen Vulkan mit einem hohen Rand. Dazu forme ich eine Kugel, drücke sie etwas platt und drücke eine Mulde in die Mitte.

1 Zuerst teile ich die Knete in kleine Portionen. Dann lässt sie sich besser weichkneten und formen.

3 Beim Kneten achte ich besonders darauf, dass der Vulkan dicht ist und keine größeren Risse hat. Sonst dringt später, wenn der Vulkan ausbricht, die Lava durch die Knete.

4 Um den Vulkan ausbrechen zu lassen, fülle ich ganz vorsichtig ein Päckchen Backpulver in den Krater.

6 Mit einer Pipette träufle ich ganz vorsichtig, Tropfen für Tropfen, Wasser in den Krater ...

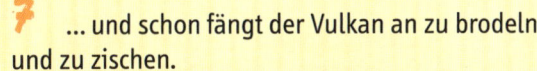

5 Dann füge ich noch einige Tropfen Spülmittel hinzu. So sprudelt der Vulkan richtig schön.

7 ... und schon fängt der Vulkan an zu brodeln und zu zischen.

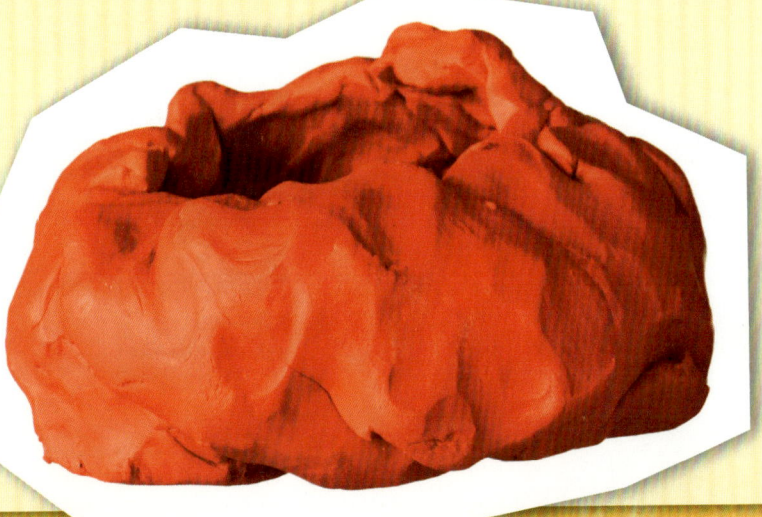

BUCHTIPPS FÜR DICH

Du hättest gerne noch mehr Kreativideen? Dann wirst du in diesen Büchern ganz bestimmt fündig!

TOPP 5712
ISBN 978-3-7724-5712-8

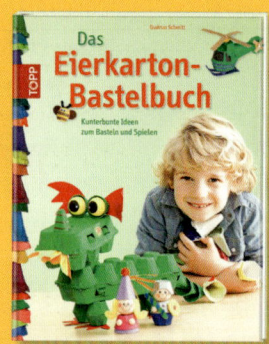

TOPP 5997
ISBN 978-3-7724-5997-9

TOPP 5715
ISBN 978-3-7724-5715-9

TOPP 5992
ISBN 978-3-7724-5992-4

TOPP 5960
ISBN 978-3-7724-5960-3

TOPP 5956
ISBN 978-3-7724-5956-6

TOPP 5688
ISBN 978-3-7724-5688-6

TOPP 5687
ISBN 978-3-7724-5687-9

TOPP 5958
ISBN 978-3-7724-5958-0

TOPP 7527
ISBN 978-3-7724-7527-6

TOPP 7535
ISBN 978-3-7724-7535-1

TOPP 5742
ISBN 978-3-7724-5742-5

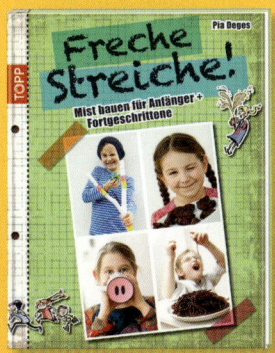

TOPP 5795
ISBN 978-3-7724-5795-1

TOPP 5714
ISBN 978-3-7724-5714-2

TOPP 4086
ISBN 978-3-7724-4086-1

Die Autorinnen

Julia Hansen ist Mutter zweier kreativer Jungs und Mitglied im Leserbeirat des frechverlags. „Ob als Kindergartenleiterin, in der Jugendarbeit, in meiner Kleinkindgruppe oder als Tagesmutter — überall erlebe ich, wie wichtig es ist, Kleinkindern, Kindergartenkindern und Jugendlichen das Gestalten, Malen und Experimentieren mit Farbe zu ermöglichen."

Andrea Wegener wurde 1956 im Saarland geboren. Sie studierte an der Erziehungswissenschaftlichen Hochschule für Sonderpädagogik in Landau und Mainz und ist Mutter von sieben Kindern und Großmutter von drei Enkeln. 1998 gründete sie zusammen mit ihrem Mann das Interaktions-Museum für Kinder „Abenteuer-Land-der-Sinne" in Taunusstein und leitet bis heute das erfolgreiche Familienunternehmen mit angeschlossener Kinder-Kunst-Werkstatt. Neben zahlreichen Workshops organisiert sie Kinder-Kulturtage, kreative Ferienspiele und andere abenteuerliche Events für Kinder.

Kreativ-Hotline

Hilfestellung zu allen Fragen, die Materialien und Bücher zu kreativen Hobbys betreffen:
Frau Erika Noll berät Sie. Rufen Sie an oder schreiben Sie eine E-Mail!
Telefon: 0 50 52 / 91 18 58*
E-Mail: mail@kreativ-service.info

*normale Telefongebühren

Impressum

MODELLE UND ARBEITSSCHRITTFOTOS: JULIA HANSEN (22/23, 24-27, 28/29, 30/31, 34/35, 36/37, 38/39, 40/41, 52-55, 60/61, 62/63, 64/65, 74/75, 86/87, 88-91, 92/93); ANDREA WEGENER (12/13, 14/15, 16/17, 18/19, 20/21, 42/43, 44/45, 46/47, 48/49, 50/51, 58/59, 66/67, 68/69, 70/71, 76/77, 78/79, 80/81, 82/83, 84/85).
FOTOS: frechverlag GmbH, 70499 Stuttgart; lichtpunkt, Michael Ruder, Stuttgart.
PRODUKTMANAGEMENT: Anna Burger und Angela Vornefeld
LEKTORAT: Anna Burger, Tina Herud und Svenja Stegmeyer
GESTALTUNG: Nakischa Scheibe
DRUCK UND BINDUNG: Himmer AG, Augsburg

Materialangaben und Arbeitshinweise in diesem Buch wurden von den Autorinnen und den Mitarbeitern des Verlags sorgfältig geprüft. Eine Garantie wird jedoch nicht übernommen. Die Autorinnen und der Verlag können für eventuell auftretende Fehler oder Schäden nicht haftbar gemacht werden. Das Werk und die darin gezeigten Modelle sind urheberrechtlich geschützt. Die Vervielfältigung und Verbreitung ist, außer für private, nicht kommerzielle Zwecke, untersagt und wird zivil- und strafrechtlich verfolgt. Dies gilt insbesondere für eine Verbreitung des Werkes durch Fotokopien, Film, Funk und Fernsehen, elektronische Medien und Internet sowie für eine gewerbliche Nutzung der gezeigten Modelle. Bei Verwendung im Unterricht und in Kursen ist auf dieses Buch hinzuweisen.

1. Auflage 2015

© 2015 frechverlag GmbH, 70499 Stuttgart

© KiKA – Der Kinderkanal von ARD und ZDF 2015 licensed by ZDF Enterprises GmbH, Mainz

ISBN 978-3-7724-5711-1 • Best.-Nr. 5711